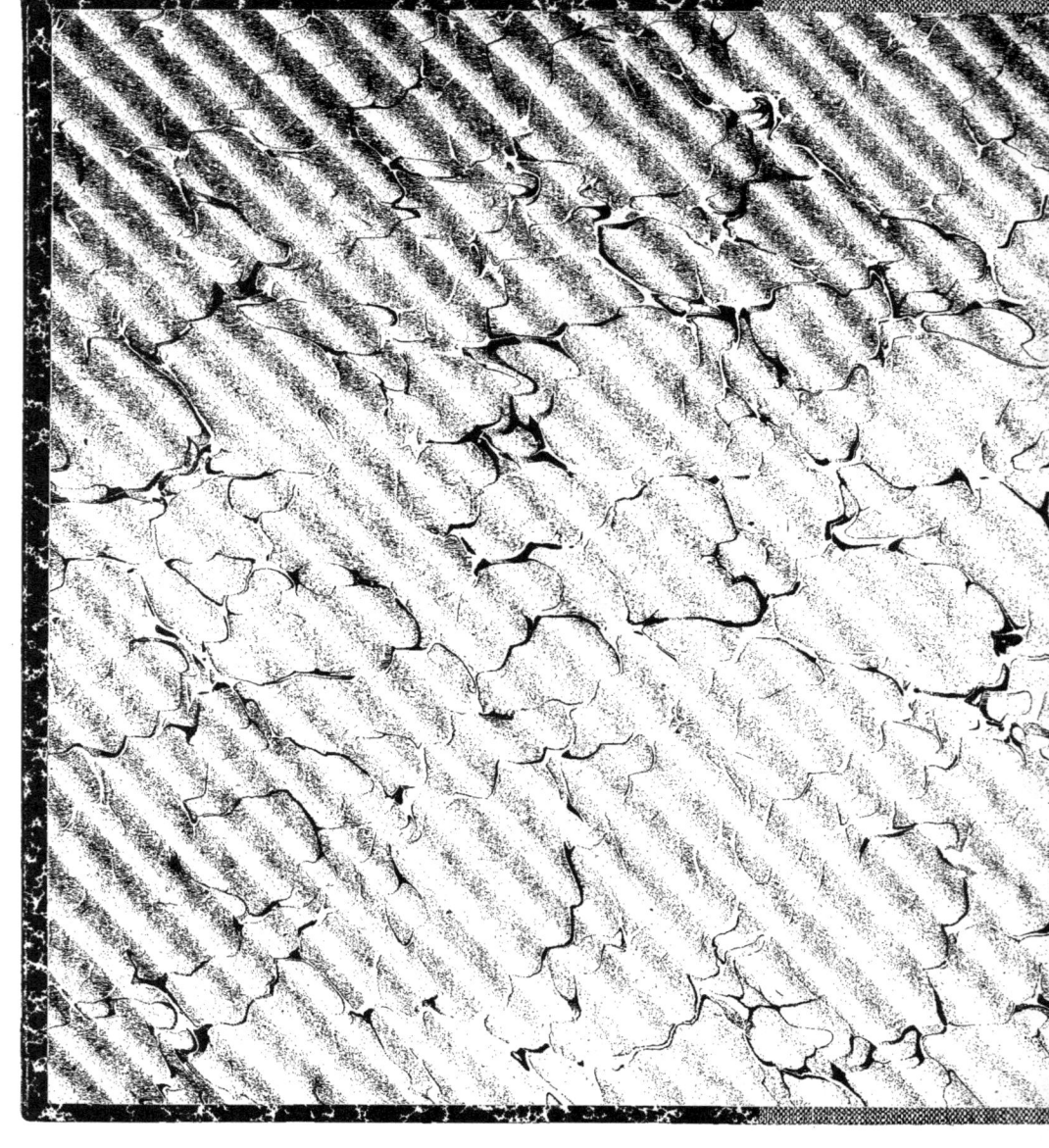

ATLAS

POUR SERVIR A L'INTELLIGENCE DE L'HISTOIRE

DE LA

GUERRE DE L'INDEPENDANCE

ÉTATS-UNIS.

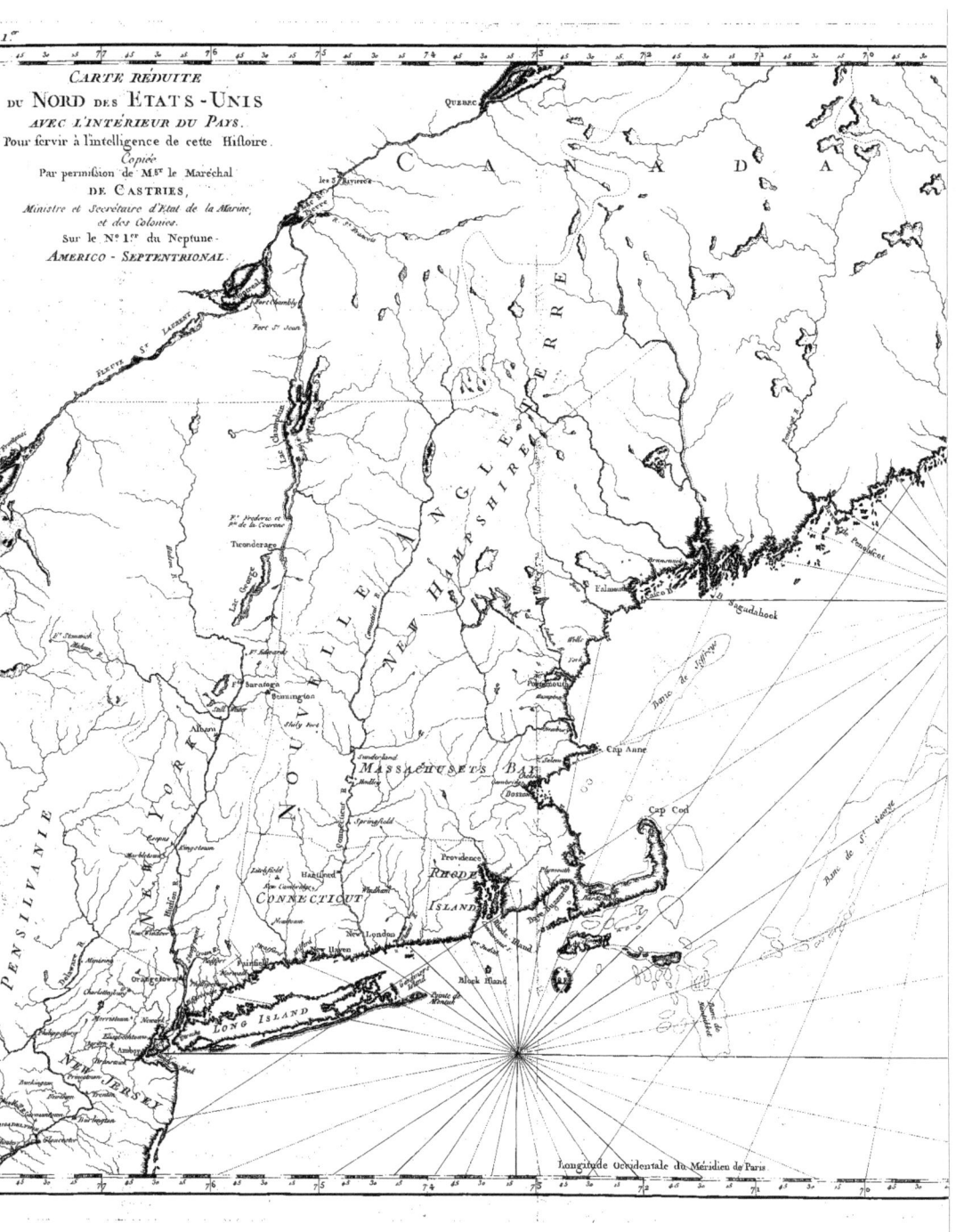

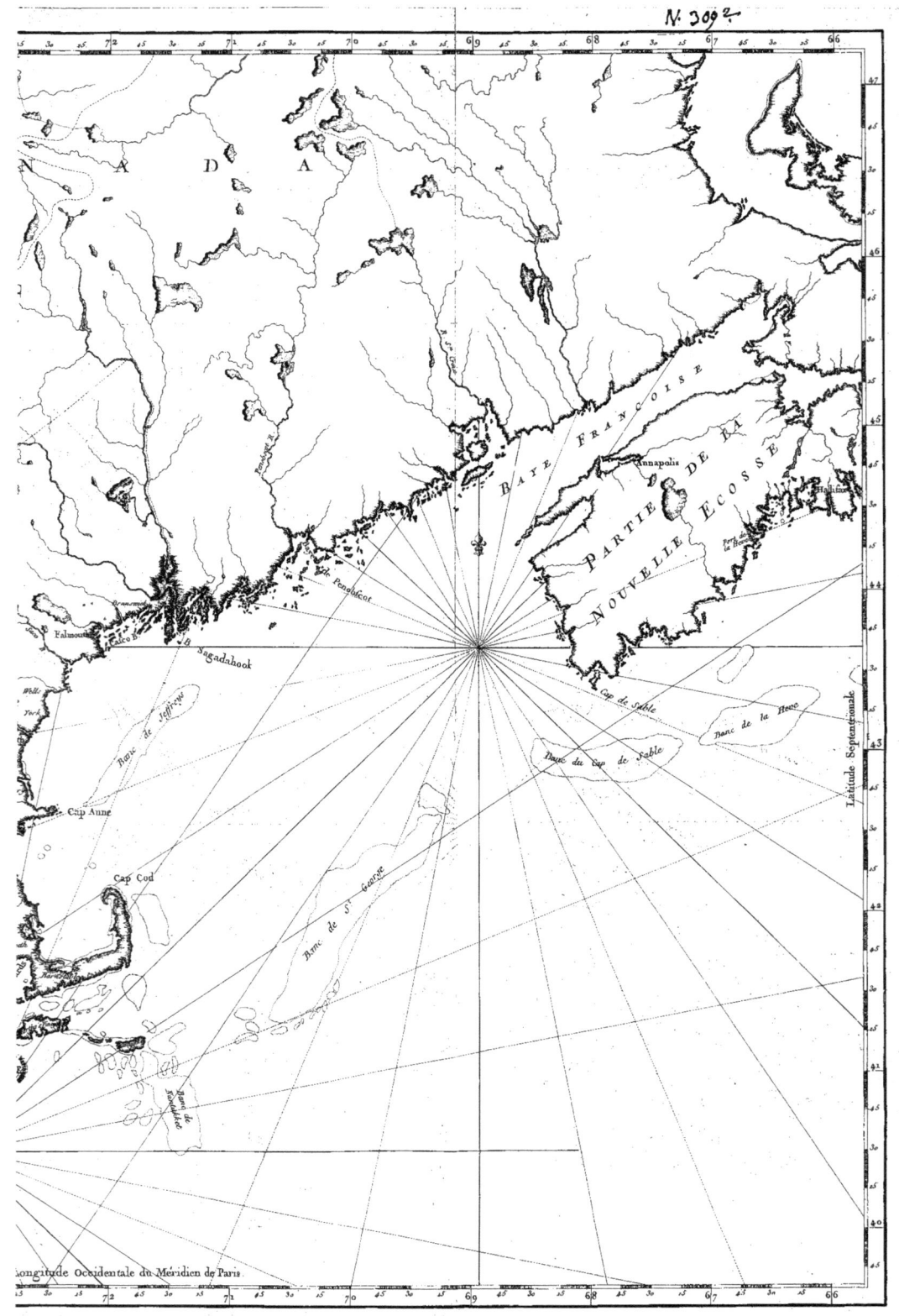

CARTE RÉDUITE
DU SUD DES ÉTATS-UNIS
Avec l'Intérieur du Pays,
Pour Servir à l'Intelligence de cette Histoire,
Copiée
Par Permission
DE M.r LE MARÉCHAL
DE CASTRIES,
Ministre et Secrétaire d'Etat
de la Marine et des Colonies,
Sur le N.º 2. du Neptune
AMÉRICO-SEPTENTRIONAL

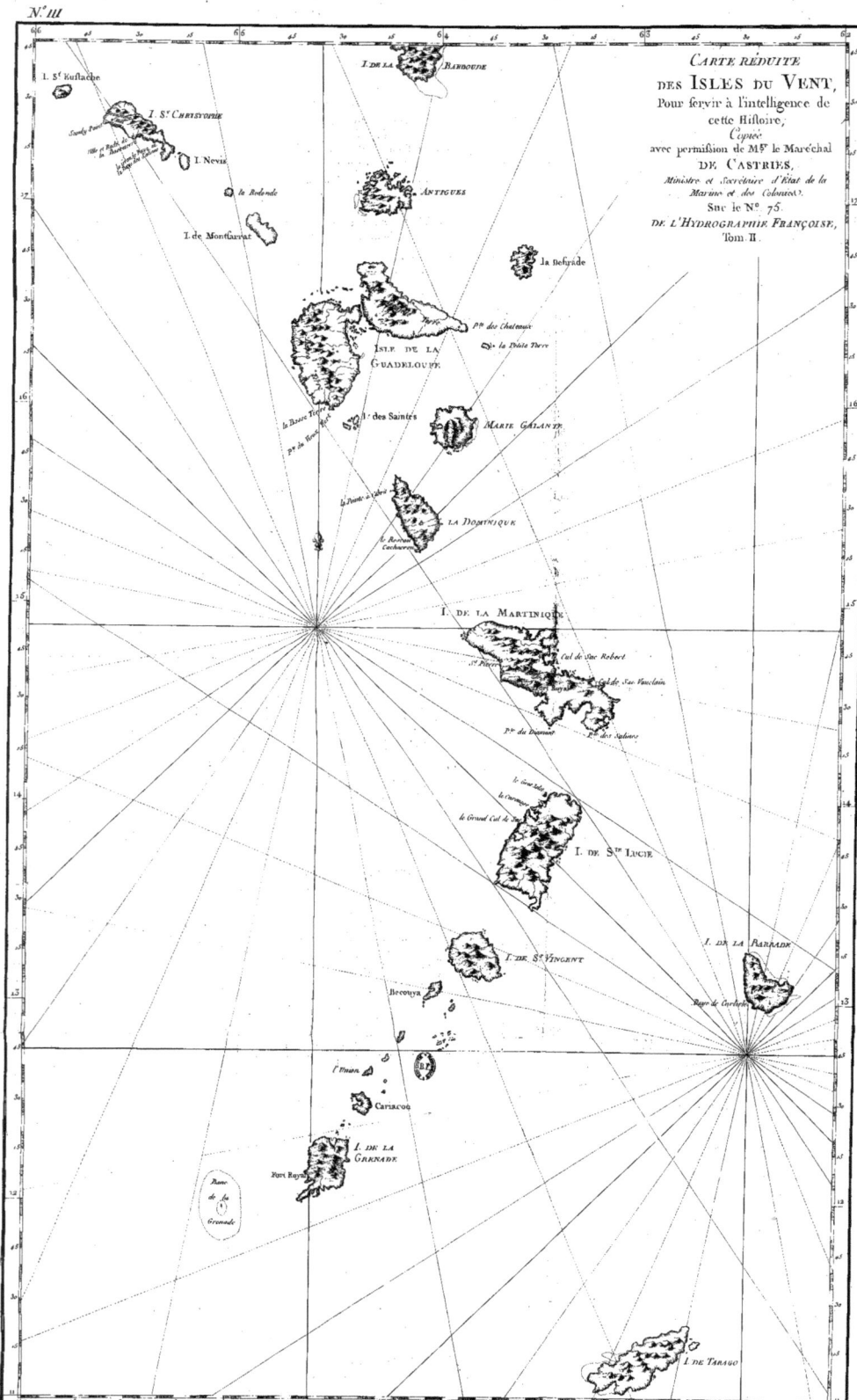

CARTE DU GOLFE DE BENGALE,

Pour servir à l'intelligence de cette Histoire,
réduite en grand,
avec permission de M.gr le Maréchal
DE CASTRIES,
Ministre et Secrétaire d'État de la Marine et des Colonies.
Sur le N.º 34 de l'Atlas Maritime de Bellin.
Tome III.

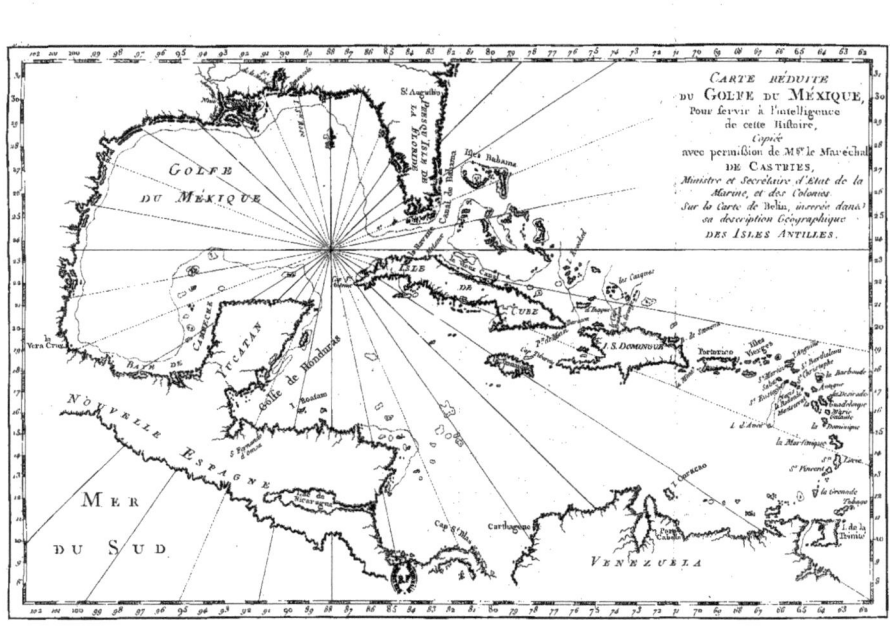

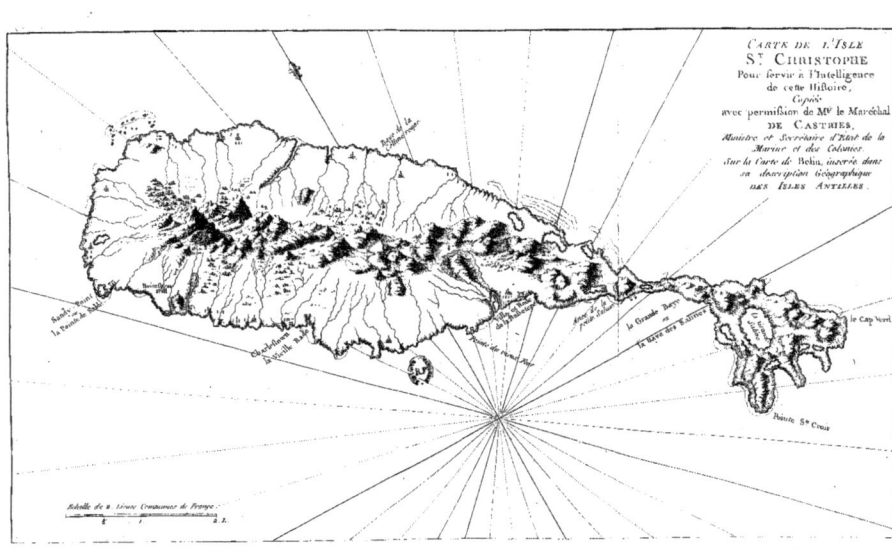

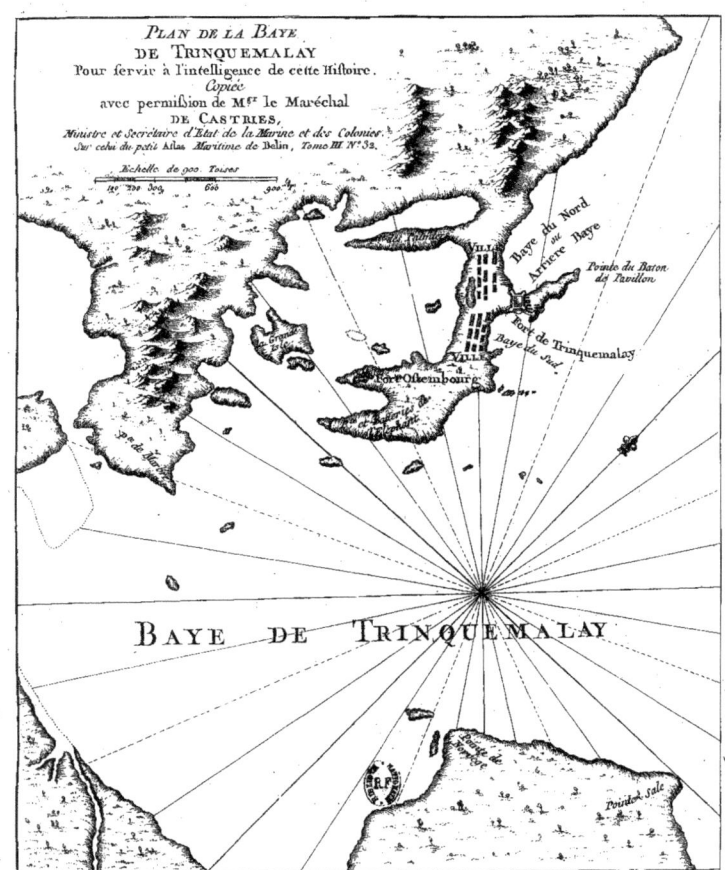

www.ingramcontent.com/pod-product-compliance
Lightning Source LLC
Chambersburg PA
CBHW060716050426
42451CB00010B/1476